Johann Christian Siebenkees

Fortgesetzte Nachrichten von Armenstiftungen in Nürnberg

Johann Christian Siebenkees

Fortgesetzte Nachrichten von Armenstiftungen in Nürnberg

ISBN/EAN: 9783743333345

Hergestellt in Europa, USA, Kanada, Australien, Japan

Cover: Foto ©ninafisch / pixelio.de

Manufactured and distributed by brebook publishing software (www.brebook.com)

Johann Christian Siebenkees

Fortgesetzte Nachrichten von Armenstiftungen in Nürnberg

Fortgesetzte Nachrichten
von
Armenstiftungen
in Nürnberg

---

gesammelt

von

D. Johann Christian Siebenkees
Professor der Rechte zu Altdorf.

Nürnberg
in Commission
der Adam Gottlieb Schneiderischen
Kunst- und Buchhandlung
1794.

Vorrede.

Ich habe mich in der Hoffnung, daß unter den Executoren und Verwaltern der Armenstiftungen meiner Vaterstadt manche sich finden würden, welche die Publicität bey diesem Gegenstande für nützlich ansehen, nicht getäuscht. Den Beweis davon enthalten

halten die fortgesetzten Nachrichten, welche ich hier gedruckt vorlege. Ich habe freylich auch die Erfahrung dabey zu machen Gelegenheit gehabt, daß es noch solche gibt, welche die Bekanntmachung solcher Nachrichten scheuen, aus Furcht zu sehr überlaufen zu werden, oder aus ähnlichen Vorurtheilen. Allein deßwegen sind sie ja Executoren, damit sie die ihrer Verwaltung anvertrauten Almosen austheilen. Und vielleicht erfolgt nach vollständiger Bekanntmachung aller Armenstiftungen gerade das Gegentheil dessen, was man von einer solchen Bekanntmachung befürchtete. Wenn allgemein bekannt ist, wer des Genusses einer gewissen Stiftung fähig ist, und welche

che Umstände damit verbunden sind, so wird mancher, der solche Unterstützungen sucht, sich nur dahin wenden, wo er vermög der Gesetze der Stiftung einen Zutritt erwarten kann.

Man findet in dieser Fortsetzung ungefähr ein halbes Hundert in meiner ersten Nachricht noch nicht berührter Stiftungen, und manche Zusätze und Berichtigungen zu den ehemahls schon beschriebenen. *) Zu beyden hoffe ich noch manche Berichtigungen und Nachträge zu erhalten, welche ich zu seiner Zeit mittheilen will.

Mein

*) Diese habe ich in der Ueberschrift mit einer Parenthese ( ) bezeichnet.

Mein ehemahliger Wunſch, die Verwaltung ſämmtlicher Almoſen in eine genauere Verbindung gebracht zu ſehen, nähert ſich der Erfüllung, wenn der von einer Committee der Induſtriegeſellſchaft entworfene und durch den Druck zur allgemeinen Prüfung vorgelegte Plan einer neuen Anſtalt zur zweckmäßigen Armenverſorgung in Nürnberg, welcher im Monat Junius dieſes Jahrs erſchienen iſt, nicht bloſſes Project bleibt, ſondern, ſo weit er ausführbar iſt, wirklich ausgeführt wird. Altdorf den 1ten December 1793.

Nürnbergische Armenstiftungen.

Arnoldische.

Egydius Arnold vermachte in seinem 1609 hinterlassenen Testament 500 fl. deren Zinsen unter verarmte Mitglieder der Goldschmidprofession zu 3, 4 und 5 Gulden, nach Beschaffenheit der Dürftigkeit von den Vorgehern der Gold- und Silber-Arbeiter sollen ausgetheilt werden.

Es haben noch mehrere Handwerker ähnliche Vermächtnisse von ihm erhalten.

Bauerische.

Johann Christoph Bauer verordnete den 9 Sept. 1736 in seinem Testament, daß jährlich den 15 Nov. als an seinem Geburtstag, funfzig armen Wittwen, jeder 30 kr. gegeben werden solle.

Georg Friedrich Behaimische.

Georg Friedrich Behaim von Schwarzbach, Scholarch, und dessen Wittwe, Barbara Helena, geb. von Praun, machten eine Stiftung von 32000 fl. von deren Zinsen jährlich ein Drittel zurückgelegt, ein Drittel unter die lebenden von Behaim ausgetheilt wird, und ein Drittel 100 arme Männer und 100 arme Weiber, jedes 1 fl., den Rest in ungleichen Portionen, bekommen. Sie wurde 1786 zum erstenmahl ausgetheilt.

Magdalena Behaimische.

Magdalena Behaimin, eine geborne Ayterin, machte eine Stiftung für Arme, welche am Maria Magdalena-Tag ausgetheilt wird. Jede Person erhält 15 kr. Executor ist, als Abkömmling der Stifterin, Herr Castellan von Stromer.

Kuni-

Kunigunda Brunnerische.

Kunigunda, Johann Brunners, Taglöhners im Tafelhof, hinterlassene Tochter († 1718) machte eine Stiftung, welche jährlich am Kunigundatag von dem Schaffer bey St. Lorenzen im Lorenzer Pfarrhof an solche arme Weibspersonen, welche in den Seelhäusern.*) ihre Wohnung haben, ausgetheilt wird. Diese Seelhäuser sind dermahlen folgende: 1) das Klösterlein im blauen Stern. 2) das Nützliche im Unterwöhrd. 3) das Nützliche im Stöpfelgäßlein. 4) das Ebnerische im Stöpfelgäßlein. 5) das Ebnerische beym gelben Löwen oder Rosenbad, welches 2 Stuben hat. 6) das Tucherische beym goldnen Schild. 7) das Stadtalmosamtliche auf dem Treibberg, welches 3 Stuben hat.

Margaretha Brunnerische.

Margaretha Brunnerin, sonst Völklin genannt, Caspar Brunner, Zeugmeisters hinterlaß-

*) s. Würfels Nachrichten. II. S. 722.

terlassene Wittwe, verordnete in ihrem, im Jahr 1564 errichteten Testament, unter andern, daß

1) jährlich unter hausarme Leute alhier sollen ausgetheilet werden 60 fl. — so auf der Behausung zum Hirschen, sonst Polland genannt; (welches jetzt Johann Jacob Hermann Wild, Juwelier und Kunsthändler besitzt) als ein Eigen-Geld haften.

2) 40 fl. — den armen Sundersiechen in den 4 Siechköbeln vor hiesiger Stadt.

3) 35 fl. — den armen Sundersiechen und andern armen Leuten, die zu österl. Zeit herkommen, und gespeiset werden, und 15 fl. den armen Leuten, die man sonst zu speisen pfleget; zusammen also 50 fl. —

4) 50 fl. den armen Caplänen und Priestern alhier, die von ihrer Besoldung ihre nothdürftige Unterhaltung nicht haben können, und solches begehren.

5) den

5) den Executoren und Ausrichtern für ihre Bemühung 20 fl. —

Zu Bestreitung dieser jährlichen Ausgaben sind ausser dem gedachten Eigengeld die Zinsen von 3200 fl. in dem Losung-Amt angelegten Capital bestimmet. Die Executoren dieser Stiftung sind ein zeitiger Stadt-Allmos-Amts-Gegenschreiber und Kirchner bey St. Sebald, welche aber seit 1636 für das, was den Siechköbeln, Sondersiechen und Caplänen verschaffet ist, nicht mehr zu sorgen, sondern nur das obbemeldte Eigengeld einzunehmen und unter arme Leute auszutheilen haben. Es erhalten diese Stiftung jährlich am Margaretha-Tag 105 Manns- und Weibspersonen in Portionen zu 30 und 15 kr.

(Dörrerische.)

In dem von Frau Ursula Dörrerin, geb. Scheurl, am 25 März 1670 errichteten Testament

stament heißt es: „Vor Jacobitag solle man in meines seel. verstorbenen Eheherrn, Christoph Dörrers, als welcher mich vorher zur Universal-Erbin eingesetzt, und dieser Stiftung halben sich mit mir unterredet hat, und meinen, Ursula Dörrerin, gebohrnen Scheurlin, Namen, öffentlich verkünden.„

Der Fond hat sich indessen ansehnlich vermehrt, und daher ist die Anzahl der Genossen, auf 230 Personen angewachsen, nämlich 100 Männer und 130 Weiber, welche diese Gabe zu 3 fl. jetzt alle 2 Jahre geniessen, da sie ehehin solche nur alle 3 Jahre erhalten haben. Alternativ empfangen also diese Stiftung 460 Personen, und werden jährlich 690 fl. unter 230 Personen in Portionen zu 3 fl. ausgetheilt.

(Elsenheimerische.)

Das Testament ist vom 30 Nov. 1638. und die Execution hat schon 1639 ihren Anfang genommen.

Dieser

Dieſer Stifter verordnete ferner, daß der Reſt von den Capitalzinſen jährlich an ſeinem Sterbtage (welches der 19 Sept. war) unter hausarme Leute, ſo weit es reicht, ausgetheilt werden ſolle, welches noch immer geſchieht.

(Fetzeriſche.)

Copia extractus teſtamenti Herrn D. Chriſtoph Magnus Fezers, Adv. Ord. Hn. Magn. Fezers ICti, vorderſten Conſulenten und der Univ. Altdorf Prokanzlers ſeel. nachgel. Sohns, d. 7. Febr. 1707.

Dann weiln keine Notherben hinter mir verlaſſe, mithin ledigen Standes zu verbleiben dermaln geſonnen bin, als will ich der lieben Armuth zum Beſten verordnen, daß von meinen Capitalien zu einem ewigen Almoſen meine nach benannte Herren Executores teſtam. ſo viel Geld zu einem Loſungsfreyen Capital, alljährlich **Ein Hundert Haußarmen Männern und hieſigen Burgern,** ſo ein gutes Zeugniß ihres Wohlverhaltens herbeibringen werden, am Tage **Chriſtophori** in dem Hauß

Hauß am alten Milchmarkt, wo ich dermaln wohne, ein jeder aus obgedachter Zahl dürftigen Burgern, wenn sie vor in der Vesper bei St. Sebald dem Gottesdienst, welcher in so fern nach Art des seel. Herrn Wolfg. Münzers Verordnung gehalten werden soll, in Person beigewohnt, fünf Gulden rhein. zu empfangen haben, und von denen jederzeit befindliche Herren Test. **Exec.** jedem der berührten Armen eigenhändig gereichet werden soll.

Deßgleichen am Tage **Magni** ebenfalls 100 armen andern Männern eben so viel auf gleiche Weise gereichet werden solle.

Und weiln in sothanen Fällen verschiedene Ausgaben erfordert werden, als sollen aus meinem Vermögen noch Eintausend Gulden losungsfreyes Capital ausgemacht werden, und von den Interessen die Auslagen in der Kirche und andern, so darunter bemühet seyn werden, nach qualität und Würden einen jeden die Gebühr, allermassen dem Hn. Geistlichen, der das Capitel lieset, Zwey Gulden, und dem Organisten drey Gulden entrichtet werden sollen, den Ueberrest aber die Herren Executores bei einer collation zu verzehren sich gefallen lassen, oder ein solches unter sich vertheilen können.

Mehr

Mehr so verordne ich, daß jährlich zu Adventszeit funfzig armen Handwerksjungen, es mögen hiesige oder fremde Kinder seyn, wenn sie nur ein ehrliches Zeugniß ihres Wolverhaltens haben, und bei hiesigen Meistern in Lehrjahren stehen, jedem Einen Gulden an Geld und vier Ellen Tuch zu einem Rock, die Elle zu einem Thlr. oder 1 fl. 30 kr. gerechnet, gereichet, und zu einer ewigen Stiftung angeleget werden solle.

Damit nun dieses alles alljährlich zur bestimmten Zeit ohne Argelist geschehen möge, als will ich hiemit die jedesmaligen Herren Executores um Gottes und ihrer Seelen Seeligkeit willen ernstlich und nachdrücklich erinnert, ermahnet und gebetten haben, über diesem allen steif und fest zu halten, auf daß dereinstens nicht so wohl die Arme und Nothleidende, als ich selbst an dem allgemeinen Gerichte Gottes hohe Ursache sodann zu beschwehren und solchenfalls denen, die hierunter etwas verabsäumen oder negligiren werden, eine schwehre und unerträgliche Verantwortung nach sich ziehen wird, haben mögen. Zu Executoren und Ausrichtern dieses meines letzten und liebsten Willens ersuche und benenne ich meine beiden Herren Brüdere, Magnum und Johann Paul, die

Fezere,

Fezere, dann Hn. Joh. Christoph Volkamer, und auf meinen seel. Hintritt den ältesten Hn. Marktsvorsteher, und wo von vorbenannten andern ersten dreyen ein oder der andere mit Tod abgehet, dessen succession durch einen vordersten Hn. Marktsvorsteher zu ersetzen wäre, mithin jedesmal die zwei ältesten Marktsvorsteher nebst demjenigen Fezer, so das fideicommiß genießt, beständig und ewig mit dieser Execution sich beladen zu lassen, und sonderbar dieses, was der lieben Armuth gereichet werden soll, heilsamlich zu vollziehen und den Lohn von dem grossen Gott hiefür zu erwarten, sich großgünstig gefallen lassen mögen. Und da auch sich begebete, daß von beiden mehr beregten Linien der Fezer gar keiner mehr vorhanden, mithin das Fideicommiß seine Endschaft erreichete, so ist mein inständiger Will, daß alsdann die zur solchen Zeit lebende ältere Herren Marktsvorstehere Einen von denen vordersten Herren Consulenten statt eines Fezers, die Execution, so viel die Sache und das fortwährende Geschäfte ad pias causas belanget, auf sich zu nehmen erbitten mögten.

Und weiln dann bei dem Legat der armen Handwerksjungen von dem HH. Test. Executoribus

bus ihrer habenden Bemühung halber von keiner Ergötzlichkeit gedacht worden. Als will ich, daß von acht hundert Gulden Capital, so ebener Maſſen loſungfrey gemacht werden ſoll, Ihnen die Intereſſen alljährlich zu Ihrer conſolation zu geben ſey. Actum ut supra.

Dann ſolle wegen der vorhandenen Bibliothec, gleichwie es mein ſeel. Hr. Vater in ſeinem Teſtament verordnet, auch bey mir es ſeine Bewandnuß haben.

Frankiſche.

Chriſtoph Daniel Frank, Burger und Handelsmann ſetzte in ſeinem Teſtament vom 24 Dec. 1732 ein Capital von 9000 fl. aus, deren Zinſen an etliche 70jährige hieſige hausarme Burgersleute, die der Arbeit nicht mehr vorſtehen können zu 10, 20 bis 30 fl. vertheilet werden ſollen. Executor iſt Herr Raths-Conſulent Staudner.

Frörenteichiſche.

Wolfgang Daniel Frörenteich, Handelsmann, verordnete 1741 in ſeinem Teſtament 600 fl.

600 fl, davon die Zinſe jährlich an ſeinem Begräbnistag von ſeiner Frau oder Kindern unter gottesfürchtige Hausarme ausgetheilt werden ſollen.

Anna Lucia Fürerische.

Frau Anna Lucia, Herrn Chriſtoph Fürers von Haimendorf, des ältern geheimen Raths, dritten Obriſt-Hauptmanns ꝛc. Wittwe, eine geborne Löffelholzin, hat vor ihrem Abſterben ihren Erben die mündliche Verordnung gethan, daß jährlich am Anna-Tag 10 armen Weibs-Perſonen, und vor allen blinden oder andern gebrechlichen, ohne Unterſchied, ſie ſeyen Bürgerinnen oder nicht, ieder 1 fl. in dem Stadt-Allmos-Amt gereicht werden ſolle, und wird von der Abnutzung des, ins Loſung-Amt gelegten und loſungfrey gemachten Capitals zu 300 fl. dieſe Stiftung vollzogen.

Maria Magdalena Fürerische.

Frau Maria Magdalena Fürerin, eine geborne Imhofin hat in ihrem hinterlaſſenen Teſta-

Testament von ihrer verlassenen Haab 200 fl. Capital losungsfrey zu machen, und die 10 fl. jährliche Zinse, unter 20 arme Wittwen, ohne Unterschied, sie mögen Bürgerinnen seyn oder nicht, am Maria Magdalena-Tag jährlich auszutheilen verordnet, welches von deren Universal-Erben mit Erlegung 300 fl. in das Losung-Amt vollzogen und ermeldte Stiftung von Seiten des Stadt-Almos-Amts bisher dergestalt ausgerichtet worden ist, daß 20 Weibspersonen à 30 kr. diese Wohlthat genießen.

Gammersfelderische.

Der Stifter war Andreas Gammersfelder, und die Stiftung nahm den 1 Nov. 1672 ihren Anfang. An Walburgis und Allerheiligen wird jährlich 80 bis 90 fl. in sehr geringen Portionen zu 6 kr. bis 30 kr. an Hausarme ausgetheilt. Executoren sind der Prediger und Senior an der Spitalkirche.

Geißlerische.

Margaretha Geißlerin († 1599.) machte eine Stiftung, von welcher jährlich am Margarethentag 4 fl. in den Sebalder und 4 fl. in den Lorenzer Pfarrhof an die Schaffer geschickt werden, um davon armen Kindbetterinnen auf ihr Begehren ein kleines Almosen von 7½ oder 8 kr. zu geben.

(Gräflich Goerzische.)

Catharina Maria, Herrn Georg Ludwig Sittig von Schlitz, genannt von Görz, Hessen-Cassel. Generalmajors und Gouverneurs zu Rheinfels Gemahlin, eine geborne von Künsberg, legte in dem Losung-Amt ein Capital von 360 fl. ad pias causas an. Die Interessen wurden alljährlich durch Herrn Prediger Häcker an hiesige Hausarme ausgetheilt. 1755 übertrug selbiger die Austheilung seinem Sohn dem Herrn Diak. und nachmahligen Schaffer Häcker. Nach dessen Tod fiel solche durch die testamentliche Verord-

Verordnung der verwittibten Fr. Gräfin v. Goerz, gebornen von Goerz, auf seinen Nachfolger im Schaffer-Amt, der alljährlich die Interessen an hiesige Hausarme vertheilet.

(Gräfische.)

Jeder Stiftungsgenosse erhält nach angehörter Vesperpredigt in der Spitalkirche 2 Gulden.

Hartmännische.

Margaretha Barbara, Christoph Gottlieb Hartmanns Wittwe, machte 1756 eine Stiftung für 50 alte, bedürftige, fromme, erbare und christliche Bürgers-Wittwen.

Hehrische.

Elisabetha Hehrin, geborne Steffin von Kronstätten, verschaffte in ihrem, den 5 Jul. 1673 errichteten Testament, 150 fl. in dem Losung-Amt angelegtes Capital, von dessen Abnutzung jährlich 12 armen Wittwen, die ein gutes Gerücht haben, am Tag Maria Heimsuchung, jeder ein Orts- oder Viertelstels=Thaler gegeben werden solle. Dem zu folge erhalten jährl. im Stadt=Almos=Amt 12 Weibspersonen jede 22 ½ kr.

Heroldische.

Christoph Herold, Großpfragner und Salzhändler († 1788) machte in seinem Testament folgende Verordnung:

„In das Armen= und Arbeitshaus will ich noch besonders ein Legat von 2000 fl. also und dergestalt verschafft haben, daß solche von meinen in dem Losungamt verzinslich stehenden Capitalien ein Vierteljahr nach meinem Tod angewiesen, und unter dem Rubro: Christoph Heroldisches Legat für das allhiesige löbliche Armen= und Arbeitshaus, beständig daselbst angelegt bleiben, die davon abfallende Zinse hingegen auf einige in diesem vortreflichen Institut erzogene und eine besondere Fähigkeit zeigende Jünglinge, also verwendet werden sollen, daß wenn einer oder der andere sich einer Profession oder Kunst,

Kunst, vorzüglich aber der Stuckgieseren wied-
men wollte, wozu beträchtliche Lehrgelder er-
forderlich sind, ein solcher auf ein, zwey, drey
und mehrere Jahre, nach eigenem hohen Gutbefinden eines jedesmahligen hochansehnlichen
Deputati, hievon unterstützet werden möge."

(Heydenreichische.)

Nach den Worten des Testaments gehört diese Stiftung für "hausarme Männer,
die hiesige Burger, oder vertriebene arme
Exulanten sind."

(Hirschvoglische.)

Ferner erhalten aus dieser beträchtlichen
Stiftung jährlich an Sim. und Judä Tag
der Prediger und die 8. Diac. zu St. Lorenzen, jeder 3 fl.

Die Sebalder, Lorenzer und Spit. Schule, jede 40 fl. die Jacober Schule 25 fl.

Sebastian Hofmännische.

Sebast. Hofmann verordnete den 19
Sept. 1561 in seinem Testament:

B 4. Weiter

Weiter Schik und Schaff ich 1500 fl. davon 5 Wochentliche und 5 Vierzehntägliche reiche Schüssel zu kauffen, welche unter die Verarmte Bürger die ihr Nahrung nimmer gewinnen können, nach der Allmoß Herrn gutbedunken ausgetheilt werden sollen.

Mehr Schik und Schaff ich 3000 fl. um gebührliche Zinß anzulegen, solche Zinß sollen Verleihen, die zween Herrn des Raths, und die zween Aeltesten Genannten der zweyen Erbarn Handwerk, Beken und Fleischhaker empfahen und einnehmen, und ihr vieren von meiner Freundschaft, wo dieselben vorhanden und dessen Nothdürftig seyn werden, wo nicht, unter ihrem Handwerk, und wann auch von denselben, die nitt vorhanden, vier ander armen Gesellen und Jungfrauen, und jedem derselben, welche ehrbaren Wandels, und ihren Eltern und Vormündern gefällig gewesen, jedoch öfter nicht, dann einmal zu Aussteuer und Heurathsgut, wann sie sich verheyrathen, geben zwanzig Gulden, und von der Uebermaß, von meinen Freunden, ihrem Handwerk oder andern, welche in der heiligen Göttlichen Schrift anfahen zu Studiren und darzu tauglich seyn, zween oder drey arme Schüller, so lang

lang es dieselben für gut ansehen, unterhalten, und davon sollen gedachte Herrn beeder Handwerk den Allmuß Herrn alle Anzeigung und Bericht thun.

Mehr Schik und Schaff ich in! der Franzosen Hauß 400 fl. und dann zu St. Leonhard, St. Jobst und St. Peter einen jeden der jezt gedachten drey Köbel 300 fl. thuet in allen 1300 fl. umb gebührliche Zinß anzulegen, zu einer Zubuß den Armen Leuten, davon wegen die Herrn Pfleger guet Rechnung zu thuen, wissen welche ich zum vleisigsten bitt, Sich hierinnen also zu verhalten, wie Sie es bey Gott dem Allmächtigen können verantworten.

Mehr Schik und Schaff Ich für die Armen Kindbetterin hie zu Nürnberg, Wöhrt und Gostenhoff zu einer Zubuß umb gebührliche Zinsen anzulegen 200 fl.

Mehr Schik und Schaff ich den Armen Schulern zu St. Sebald, Lorenzen, Egidien und Spital 800 fl. anzulegen, und sollen von den gemelten vier Orten die Schulmeister Jährlich die Zinß einnehmen, darumb gemeine Rök kauffen, dieselben Rök in Char und Marterwochen, so weit die reihen, unter die Armen Schuler, bey welchen es am besten angelegt seyn wird, austheilen, und derhalben den Allmuß Herrn Rechnung thun.

Und aller bisher erzelten Legaten hauptsumma, welche Ich den armen Leuten geschaft habe, sollen meines Geschäfts Vormündere In gemeiner Stadt Losungstuben anlegen, dieselben Hauptsummen wollen den Armen Leuten zu guten meine Herrn und Vätter des Innern Raths, Jede Hundert Gulden Losung und Steur frey mit 5 fl. uf mein Unterthenig anlangen verzinsen.

Mehr Schik und Schaff ich Dorothea Kaltenhöuerin meiner lieben Mummen des Paulus Ortels Ehewirthin 6000 fl. grob gelt, dergestalt, das solche 6000 fl. angelegt, und Ihr Jährlich die abnutzung so lang Sie leben, davon geraicht werde, aber nach ihrem Tod sollen sie wiederum in Aigenthum auf Ihre Kinder fallen, So solle davon der halb theil Nemlich 3000 fl. dem Spital alhie zum H. Geist folgen und werden, will also die Armen Leut in gedachter Summa der 3000 fl. substituirt haben.

Ferner, Nachdem, In dem Neuen Spital alhie zum H. Geist, bishero Manns und Weibs Personen, untereinander gelegen, gleicher gestalt

unter

unter den Reichen Pfründerin kein unterschied gehalten, welches sehr abscheuig und den Armen Leuten verdrüßig gewesen ist; aber wie ich von vertrauten gutherzigen Personen verstanden, daß dasselbe wohl leichtlich könnte geändert werden, wo man gegen der Armen Stuben über, den reichen Pfründern andere tugliche gemach eingeben, und man dasselb unter gemach zu einer Stuben zurichten wurde. auf das nun hierinnen den armen Leuten geholffen werde, so Schik und verschaff ich zu solchem Pau 500 fl. und sollen meine Testaments vormünder zu nichts andern dann zu des Paus notturfft und den darein nothwendigen Petten die ausrichten und bezahlen.

Hundertpfundische.

Tobias Hundertpfund verordnete 1598 in seinem Testament:

Mehr in das Reich Almosen zwey hundert Gulden, zu einer Ewigen Schüssel, welche man wöchentlich, und am Sonntag nach der Predigt, bey St. Sebald pflegt auszutheilen.

Item mehr verschafft Er In den Newen Spital fünfhundert Gulden, und für ein kranke Person,

son, Ein gerichtes Pett mit aller seiner zugehörung.

Leztlichen verschaft Er fünfhundert Gulden in die Losungstuben zuerlegen, von derselben abnutzung soll man Järlich Holz kauffen, und um den Tag Thomä den 21 Dezembris unter recht arme Leüth austheilen.

Huterische.

Ursula Huterin verschaffte 1592 in ihrem Testament, daß man von ihrer Verlassenschaft mit 500 fl. — 25 fl. erkaufen, und dieselben zu Erkaufung wüllen, Höfer oder dergleichen Tuchs verwenden, und daſſelbe Gewand durch den älteſten ihres Geschlechts unter Arme dürftige Dorfprieſter und hausarme Leute ausgetheilt werden ſolle.

Kallingerische.

Wolfgang Kallinger verordnete 1566 in seinem Testament:

Volgends und nachdem der Armen Leut Sonderlich aber der frommen Gottseeligen Priesterschaft auff dem Land in dem Nürnbergischen Gebieth,

bieth, welche sich zum Theil (wie ich glaubhaft berichtet) von Ihren Pfarrlichen Stifftungen mit gar geringen und schmalen Besoldungen haben behelfen müssen, In diesen meinen letzten Willen auch nicht vergessen, sondern eines Theils der Jenen welche am wenigsten Jährlich einkommens haben, mit einer geringen, und in unwürdiger Addition und Besserung gedacht werden.

Derohalben Schik und Schaff ich zu der Pfarrkirchen zu Förenbach genannt 200 fl. und dann zu der Pfarr zu Gustmannsfelden 300 fl. welche dann unterschiedlicher weise mit sonderlichem Rathe und Vorwissen der verordneten Allmuß Herrn, aufs getreulichst angelegt und einem jeden Pfarrer dieser beeder Oerter Jährlichen und hinfüro zu ewigen Zeiten, so lang sie in Esse und in der Stadt Nürnberg Obrigkeit und gebieth bleiben und seyn, nach anzahl Ihrer geschaften Hauptsumma, das Interesse und abnuzung davon pro rata, und nach anzahl der geschafften und gestifften Summa auch geraicht, und sonsten an kein ander Ort verwendet werden. Es wäre bann daß diesen beeben Pfarren eine oder die andere, oder sie beebe über kurz oder lang verändert oder gar abgethan. alsbann und uff solchen fall gesetzt,

setzt, so soll der oder derselbe in diesem meinem Testament, negst gestimmten Additiones und legat auf andre Nürnbergische.

Ferners Schik und Schaff ich vierzehen hundert gulden die sollen auf mein absterben durch die Geschwornen des Lederer Handwerks, entweder Inn eines Erbarn Raths Losungstuben, oder da es Ihren Herrl. nitt annemlich, sonsten an ein states gewisses und unveränderliches Ortt, uff Jährliches Interesse, Je das Hundert uff 5 Gulden angelegt, und solche abnuzung und zinnßgeld deren Siebenzig gulden nachfolgender gestalt und an die hernach bestimmte unterschiedliche Oertter ausgetheilt und gegeben werden.

Benanntlich zwanzig Gulden Jährlichs Ewigs Zins und Einkommens zu der Haushaltung in den Siechkobel bey St. Lienhard genant, zu nächst vor der Stadt alhie, insonderheit aber noch dazu 5 Gulden Jährlichs und ein Jedes besonder unter die Armen sunderfiechen Menschen des Orts, in ihre Hände zugleich, einem soviel als dem andern, Im Jar zwier, Nemlich alle halbe Jar $2\frac{1}{2}$ fl. auszutheilen und zu geben.

Item 25 fl. Jährlichs Ewigs zinßgelts unter Haus-Armen Leut, alle Jar ungefährlich allemal uff den

den Tag, an welchen ich Todes Verschieden bin, und allein denjenigen mitt und auszutheilen, welche allhier Burger und Burgerin Alt und unvermöglich seind und an denen es wol angelegt ist.

Item 10 fl. Ewigs Zinßgelts, den Armen Sunderfiechen Menschen, welche zu Oesterlicher Zeit hieher kommen, und die hisige Schau und Heiliges Almosen besuchen, in ihre Händ zu geben, und einem so viel als dem andern zugleich austheilen.

Item 5 fl. Järlichs Ewigs Zinßgelts unter arme Schulen und Pauperes, welche bey St. Lorenzen in die Schul gehen, und Fleißig Studiren werden, zugleich austheilen.

Und nachdem die noch übrigen 5 fl. Jährliches Zinß so an obgesezten meinen Gestiften Ewigen gelt der Sibenzig gulden über bleiben, die sollen sie die Geschwornen für ihre mühe und Arbeit Innen behalten, und alle Jar bey den Almosherrn umb solche Ihr tragende Execution und Verwaltung lautere Rechnung erlegen, damit man wissen und sehen könne, ob solches Allmosen vermög dies meines lezten willens getreulich exequirt und ausgericht werde, welche Execution und
Admi-

Administration auch für und für, weil das Lederer Handwerk alhie seyn, bey den Geschwornen erst bemelten Handwerks bleiben, und verwaltet werden soll. wan aber dasselbig künftiger Zeit in abnehmen geraten und von hinnen hinweg kommen sollte, wie sich dann leichtweilen allerley unbesorgte Jehenliche permutationes und veränderung zutragen, und auf solchen fall gesezt, so soll solche Execution, wie oben unterschieblich nacheinander erzehlt, durch deß allmosen Amtleut, weche ein Erbar Rath darzu verordnen, gehörter masen außgericht und verwaltet und Jhnen solche übrige 5 fl. zu einer Liebung auf Jhre Person geaignet und zugerechnet werden.

Weiters über das Schik und Schaff ich in die beede Findel alhie, 100 fl. Hauptsamma, die sollen durch die verordneten Pfleger oder Pflegerin (wie sie zu thun wohl wissen werden) den Armen Waislosen Kindern zum besten angewendet werden.

Darnach, alls Mich auch glaublich angelangt, daß vor Jaren hero aus der Bibliotheca oder Studorio bey den Studiosis, oder (wie mans pflegt zu nennen) zwölf Knaben Jm Neuen Spital alhie

zu

zu Nürnberg zum Heiligen Geist genannt, etliche fürneme Scribenten Auctores und Bücher verlohren und verzogen, und zum theil noch nicht darzu erkaufft und complirt worden an welchem dann bemelten Studiosis an Ihren Studiis nicht kleine impedimenta und verhinderung erfolgt; demnach und zu ergänzung solches abgangs so Schik und Schaff ich an solchen Ort vierzig Gulden, mit dem befolg, daß dieselben durch meine Executores Testamenti dem Praeceptorj des Orts angezeigt und mit beselben Rath, fürschlag und guten Wissen, Willen und beysein angelegt; und obbemelter Bibliotheca Complirt und gebracht werden; und dann also darbey für und für unverändert bleiben sollen, und zu einer liebung sein des Praeceptoris habender mühe, Schaff ich Insonderheit für und auf sein Person 10 fl. seines gefallens Ihme für sich selbsten Bücher darumb zu kauffen.

Item und bieweiln auch Ettliche fromme Gottseelige Prediger und Priester alhie seind, welche bishero von ihrem Jährlichen Salario und Dienstgeld, welches bey ettlichen ganz schmal und klein, als daß sie bishero mit Ihren Weib und Kindern kaum bloße hüll und füll haben könnten, nitt soviel ersparen, daß Sie Ihnen Ihrer Notturfft nach

die

die Opera Lutherj und dergleichen Christliche Bücher kauffen mögen, dardurch aber Sie an Ihrem täglichen Studio nicht wenig verhindert; derhalben schaff ich den Würdigen und Wohlgelehrten Herrn Magistro Michaeli Peolero, Prediger in unser Frauen Kirchen und M. Ioanni Millerbeken, Diacono im Neuen Spital zum heiligen Geist geheißen alhie, Nemblich Ihr jeden Insonderheit 25 fl. jedoch daß um solches Gelt einem jeden die opera Lutheri und andre Christliche Bücher, so weit sich eines jeden legat erstreckt, durch meine Geschefts vormündere, doch mit Ihr beder wissen und anleitung sollen erkauft werden, Meines unzweifenlichen Versehens, Ich werde bey Ihnen ein dankbarliches gutes Werk thuen, und solches ringes gelt wol angelegt haben.

Weiter Schik und Schaff ich in drey Erbarn Städt, Lübeck, Hamburg und Lünenburg in Jede insonderheit 50 fl. die entweder unter Hausarme Leut auszutheilen, oder Inn der Gemain Gemeinen Allmoß-Kasten einzulegen, An welchem Ort es dann am besten angewendet werden, und den Armen zu guten kommen mag.

Khuni-

Khunische.

Dorothea, Martin Khuns Ehewirthin verordnete 1578 in ihrem Testament, daß jährlich am Dorotheatag einem jeden armen Menschen im neuen Spital zum H. Geist, vier Pfenning in seine eigene Hand soll gegeben werden.

Kohlerische.

Helena, Georg Jacob Kohlers, Bürstenbinders Wittwe machte 1764 eine Stiftung für 50 arme Weibspersonen, die Burgerswittwen und wenigstens 70 Jahre alt sind, deren jeder jährlich am Helenatag 30 kr. sollen gereicht werden.

(Langische.)

Hanns Lang, Burger und Handelsmann, und Helena seine Ehewirthin verordneten in ihrem testam. reciproco vom 13 Nov. 1628.

„Mehr wollen wir gleichfalls von obigen in eines E. Raths Losungstuben alhier angelegten Geltern, zwey tausent Gulden in Münz, auf hausarme Leuth allhier inn dieser Statt angewendet,

wendet, vnd zu einer ewigen Stifftung verschafft haben, mit dem Beding, daß solche gleichfalls in Dero Losungstuben alda auf ewig vmb gebührliche Verzinsung ligen bleiben sollen, dariion die Intereßen, vff Abzug der gebührlichen Losung, vnd zehen Gulden darvon alle Jar vnsere beede Executores, jeder fünff Gulden, für seine Mühewaltung haben solle, järlich halb vff St. Johannis Tag, vnd der ander halbe Theil vff St. Helenä Tag, durch vnsere Executores, vnter haußarme Leüth allhier, nach Jhrem gutbeduncken außgethailt, vnd der Anfang ein Jar nach vnserer beeder Ehleuth töblichen Abgang gemacht, vnd also fortan in Ewigkeit zu bedingten Zeiten, verordnetermassen außgegeben werden sollen, vnser dabey Christlich zu gedencken."

Leonhardische.

Anna Maria, Johann Georg Leonhards Wittwe, stiftete in ihrem den 22 Apr. 1731 erzeugten Testament ein Capital von 10000 Gulden, von dessen Zinsen 100 hausarmen Manns- und Weibspersonen, besonders dürftigen Wittwen bürgerlichen Standes, und die sich des öffentlichen Bettelns schämen, jeder 4 fl.

4 fl. am Tag Mariä Magdalenä (22 Jul.) gegeben werden sollen. Damit soll so lange fortgefahren werden, bis das Capital sich weiters vermehrt, da alsdann auch die Zahl der Armen vermehrt werden soll. Zu einem ewigen Stiftungshaus bestimmte sie ihre unter der Veste in der obern Schmidgasse gelegene Wohnbehausung welche der älteste Executor jederzeit beziehen soll.

D. Birkner und Kaufmann Graf waren die Executoren.

Leonische.

Extract aus Frauen Lucretia, Weyland M. Johann Leons sel. hinterlassenen Wittwe Testament von 1586.

Vnd alß mir auf Absterben meines lieben Herrn vnd Haußwirths Magister Johann Leons Seligen vergünstigt vnd zugelassen worden ist, Ein Epitaphium oder Taffel Grabschrifft in die Kirchen zu St. Johannes, darinn man Sontäglichen zu predigen pflegt, zu hengken vnd anzumachen, welches ich dann vor diesem schon dahin verordnet habe, demnach vnd von wegen solcher Vergünstigünstigung beß bemelten Epitaphii, so schick vnd schaff ich, daß alsobalden nach meinem Absterben, mein Geschefts Vormundere, auß Eines Erbaren Raths vnd gemainer dieser Statt Nürnberg Losungstuben, oder do ein Erbar Rath solches nitt annehmen wollte, sonsten auf vnd auß einem liegenden Stuckh vnd Gut alhie in der Statt, zehen Gulden Ewigs vnd vnablösigs Zinnß, mitt zweyhundert Gulden Haubtsumma erkauffen solten, Solche jetzt bestimbte zehen Gulden Zinnß solte alßdann der verordnete Herr Pfleger vnd Pfarrer, so jedesmals zu St. Johannes sein werden, jerlichen erfordern, empfahen vnd einnehmen, auch hinfüro järlich vnd Ewig an St. Johannes des Tauffers Tag, vnter die Armen Siechen Menschen im Kobel daselbsten, dauon Siben vnd Ein halben Gulden zugleich außtheilen, auch dem Hoffmaister dieß Orts Einen halben Gulden raichen, vnd dann die übrigen Zween Gulden der Herr Pfleger vnd Pfarrer, (die Ich dann hiemit zu dieser järlichen vnd ewigen Execution erbetten vnd erfordert haben will) für ihre habende Mühe behalten, der tröstlichen Zuversicht, gedachte Herr Pfleger vnd Pfarrer werden solche Execution (deren dann das erste Jar meine Executores selbsten einen Anfang machen sollen) guttwillig vnd

ohne

ohne Beschwerden auf sich nehmen, vnd hernach alle Jar diß Legat getreulich exequiren vnd außrichten.

Wenn aber yber kurz oder lange Zeit obbemelte Tafel deß Epitaphii verruckt oder abgethan werden wollte, alßdann soll dieses Legat gefallen, vnd angeregte zehen Gulden järliches Zinnß, vff hernach bestimbten Studierenden Knaben gewendet, vnd ihm dieselben, zusambt denen volgenden verschafften 50 fl. järlichen geraicht werden, Es ist auch mein Will vnd befelch, daß mit ehisten nach meinem Abscheiden, mir gleicher gestalt ein Grabschrifft, neben oder an obbemeltes meines lieben Herrn vnd Haußwirths sel. Tafel, zu einer Gedechtnus gemacht, vnd verordnet werden solle.

Linkische.

Der Consulent Martin Link machte 1727 eine Stiftung, welche am Martinitag ohne Kirchgang ausgetheilt wird.

Es erhalten dieselbe 100 Männer. Jeder bekommt 3 fl.

Executoren sind einer von den Herren Predigern, ein Herr Consulent, dermahlen Herr

Consulent Höger, und Herr Marktsvorsteher Morhard, mit Zuziehung eines zeitigen Stadt-Almos-Amts Gegenschreibers.

Löffelholzische.

Hanns Wilhelm Löffelholz verordnete 1600 in seinem Testament, daß 25 Goldgulden jährlicher Zins und die Abnutzung von 300 fl. Münz jährlich armen Leute soll ausgetheilt werden. Die Execution hat ein Herr von Löffelholz.

Löffelholz-Heldische.

Susanna Maria, Wittwe des Hn. Christoph Gottlieb Löffelholz, geb. Heldin sonst Hagelsheimerin genannt, verordnete in ihrem Testament vom 24 May 1752, daß jährlich an arme, erbare, resp. ehrlich, christlich und bedürftige Weibspersonen, Wittwen und Waisen, welche durch Kreuz und Unglück arm geworden, und in hiesigem Burgerrecht oder Schutz in der Stadt, (nicht aber auf dem Land) sind, eine Stiftung soll ausgetheilt werden,

den, und zwar unter erbare Frauenspersonen, verwittibt auch ledigen Standes, an Maria Magdalena Tag jeder 6 fl. und unter allerley obgemeldte Wittwen und Waisen (worunter auch zu Zeiten und nach Befinden der 3 Herren Executoren, Mann und Weib zugleich genommen und verstanden seyn sollen) wes Standes die seyn mögen, zu vier Gulden an Susanna Tag von den Herren Executoren in die Hände ausgetheilt werden. Von jeder Classe sollen wenigstens 25 diese Stiftung erhalten.

(Lothesische.)

Extract aus dem Testament der Frau Magdalena Clara Lothesin d. d. 16 April 1766.

ꝛc. ꝛc. Hierauf schicke und schaffe ich in den allhiesigen Spital zum heil. Geist zwey Gulden in Münz; in die Findel zwey Gulden in Münz; in das Stadt-Almos-Amt Sechs Gulden in Münz; und in die vier vor hiesiger Stadt liegende Siechköbel jeden Orts besonders dreyßig Kreuzer, oder zusammen zwölf Gulden.

Weiter vermache ich in die hiesige Rößlerische Arme-Kinder-Schul Eintausend Gulden in Münz; Ferner in die Lorenzer Arme-Kinder-Schul Einhundert Gulden in Münz, und in die Spitalische- oder Wirthische Arme-Kinder-Schule Eintausend Gulden in Münz.

Ferner ist mein Will und Meynung, daß meine in diesem Testament instituirte Haupt Erben zu einer ewigen Stiftung vor erbare Wittiben, so wol aus dem Geist- als Weltlichen Stand, und dann zu Stipendiis vor Studiosos Iuris und Studiosos Theologiae Zwanzigtausend Gulden denen von mir verordneten Herren Stiftungs-Executoribus nach Verlauf eines halben Jahrs von Zeit meines Absterbens an gerechnet, und zwar an denen alhier bey dem Löbl. Losung-Amt in Münz verzinnßlich angelegten Geldern, mit Aushändigung derer Losung-Briefe, anweisen sollen, von der jährlichen Abnuzung dieses Stiftungs-Capitals soll, nachdeme vorhero die Loosung gerechnet und entrichtet worden, dreyßig erbare Wittiben, sowohl aus dem Geist- als Weltlichen Stand, jährlich am Clara-Tag, jeder Person Acht Gulden in Münz, in der Behausung desjenigen Herrn Executoris, der die Cassa hat, ausgetheilet werden. Gleichwie die Frauen, die diese Stiftung zu geniesen haben sollen, mit derer Herren Stiftungs-Executoren beederseitigen Einwilligung angenommen und in das Stiftungs-Buch einverzeichnet werden sollen, also soll nicht weniger die Stelle derer, so mit Tod abgehen, jedesmal hin-

wiederum

wiederum mit derer beederseitigen Herren Executorum Consens erseßet werden.

Ferner soll von denen Interessen des obbemeldten Stiftungs-Capitals jährlich am Clara-Tag vier Studiosis, und zwar zwey Studiosis Iuris und zwey Studiosis Theologiæ einem jeden Fünf und Zwanzig Gulden in Münz, als ein Stipendium ausgetheilet werden.

Dieses Stipendium soll ein jeder von denenselben Vier Jahre, wenn anders der Stipendiat sich so lange auf Universitäten aufhält, anbey einen stillen und erbaren Lebens-Wandel führet, zu geniesen haben.

Was aber weiter von denen jährlich fallenden Interessen ersparet wird, soll von Jahren zu Jahren zurükgeleget, das Ersparte zu Aufrechthaltung und Verbesserung der Stiftung (welche dem Gutbefinden der beeden Herren Executorum überlassen wird) angewendet, wie nicht weniger das noch weiter Ersparte, wann es dreyhundert Gulden erreichet, in dem Löbl. Losung Amt, oder in einem andern hiesigen Amt verzinnßlich angeleget werden, um mit der Zeit entweder die Zahl der obigen dreyßig Frauen, oder derer Stipendiaten zu vermehren.

Damit nun diese Stiftung desto richtiger vollzogen werden möge, so ernenne ich insbesondere zu Executoren dieser Stiftung S. T. Herrn Dr. Conrad

Conrad Deinzer, Advocatum ordinarium alhier, und den jedesmaligen vorderisten Herrn Markts-Vorsteher, mit dem Ersuchen, diese Stiftung obiger Verordnung gemäs, jährlich auszurichten: Falls aber wieder Vermuthen der vorderste Herr Markts-Vorsteher die Executor-Stelle nicht übernehmen sollte; so ersuche den nachfolgenden Herrn Markts-Vorsteher, die Executor-Stelle zu übernehmen. Wie dann auch in Zukunft, da einer derer Herren Executorum mit Tod abgehen sollte, sogleich die vacante Stelle aus dem Collegio, deme der Verstorbene zugethan gewesen, und zwar durch den vorderisten derer Herrn Advocatorum und dann durch den vorderisten in dem Collegio derer Herren Markts-Vorstehere jedesmalen hinwiederum ersezet werden solle.

Gleichermaßen solle es mit Ersezung der vacanten Stelle gehalten werden, wann einer von denenselben die Executor-Stelle freywillig resigniren sollte.

Da diese Stiftung zu allen Zeiten durch einen Herrn Executorem aus dem Collegio derer Herren Doctorum et Advocatorum alhier, und dann durch einen Herrn Executorem aus dem Collegio derer Herren Markts-Vorstehere, obiger Verordnung gemäß, ausgerichtet werden solle, so soll zwar jederzeit demjenigen Herrn Markts-Vorsteher, deme die Executor-Stelle übertragen worden,

worden, die Cassa überlassen werden, hingegen derselbe seinem Herrn Coexecutori die Rechnung, welche in ein hiezu anzuschaffendes Buch eingetragen werden solle, zur Einsicht und Unterschrift jährlich vorzulegen, verbunden seyn.

Denen von mir eingesezten Herren Stiftungs Executoribus, sowohl als denen nachfolgenden Herren Executoribus, soll vor deren Bemühung von denen jährlich fallenden Interessen von obermeldten Stiftungs-Capital, und zwar einem jeden derer Herren Executorum jährlich Vier und Zwanzig Gulden, mithin zusammen Acht und Vierzig Gulden in Münz gereicht werden.

Daferne wieder Verhoffen zwischen denen Herren Stiftungs Executoribus sich einige Differenzen, als zum Exempel wegen Annehmung derer bey denen Herren Executoribus um diese Stiftung und respective Stipendia sich meldenden Personen entstehen sollten; so sollen dergleichen Differenzen und Irrungen, falls nicht meine Stiftungs-Verordnung den vorkommenden Casum allschon entscheiden würde, in der Enge durch das unpartheyische Loos beygeleget werden.

Die Herren Executores sind dermahlen Herr Hofrath und D. Schütz und Herr Markts-Vorsteher Morhardt.

Durch die gute Administration hat diese Stiftung seit ihrer Existenz von beyläufig 21 Jahren

so

so zugenommen, daß statt der verordneten 30 Wittfrauen nunmehr an 49 bis 50 Wittfrauen die 8 fl.
ausgetheilet werden können, die Stipendien hingegen sind noch beym Alten.

In dem Legaten-Zettel sind
denen 27 Frauen in der Carthause jeder 6 fl.
in die Wöhrder Schule 300 fl. hinterlassen worden.

Marpergerische.

Paul Jacob von Marperger, kaiserli-
cher Rath und Nürnbergischer Rathsconsulent, auch Deputirter bey dem Fränkischen
Kreisconvent, machte eine Stiftung, welche
jährlich am Petri und Paulitag zwölf armen
Männern und zwölf armen Weibern aus der
Jobster Gemeinde, und zwar jeder Person
1 fl. 12 kr. ausgetheilt wird. Executoren sind
der jedesmahlige Besitzer des Schiebelsberges
(welcher nach St. Jobst gepfarrt ist) und der
zeitige Pfarrer zu St. Jobst.

Ebenderselbe hat ein Capital ausgesetzt,
dessen Zinsen der Pfarrer zu St. Jobst zu verwalten hat, und davon armen Kranken aus
seiner Gemeinde Arzneyen und sonstige Labung
anzuschaffen.

Metz-

Metzgerische.

Maria Magdalena Metzgerin, die Wittwe Paul Christoph Metzgers, Gold- und Silberdrathziehers-Verlegers, († 1775.) machte eine Stiftung, welche am Maria Magdalena Tag hundert armen Manns- und Weibspersonen ausgetheilt wird, deren jede 1 fl. 30 kr. erhält. Executoren sind, nach dem Absterben der im Testament ernannten, der zweyte Stadtgerichtsconsulent und der jüngste Marktsvorsteher.

Mordaxische.

Fräulein Hedwig Maria Mordax, Freyin von Portendorf, verschaffte in ihrem, im J. 1760, zu Pirna errichteten Testament, 3000 fl. — für die Armuth in Nürnberg, und zwar für die, desser am meisten bedürftige Arme, unter welche jährlich am Johannes Tag die, von diesem, in dem Loosungämt schon damahls gelegenen Capital fallende Zinse ausgetheilt werden sollen. Nach dem, im J. 1763. erfolgten Absterben ernannter Fräulein von Mordax dar wurde folgendes Jahr 1764, von Seiten des Stadt-Allmos-Amts der Anfang mit Austheilung dieser Stiftung gemacht. Es erhalten jährl. am Johannes-Tag 33 Weibs-Personen jede 2 fl.

Muffelische.

Johann Christoph Muffel von und zu Eschenau, des Innern Geheimen Raths, verordnete in seinem, am 26 Julii 1697 errichteten Testament, daß, nach dem seel. Hintritt oder veränderten Wittib-Stand seiner gewesenen Ehegemahlin, sein völlig zusammgeschlagen Capital, dem Ehrwürdigen Closter St. Catharina dergestalt zu einem beständig-ewig-gottseeligen Gestifft vermachet und zugewendet seyn soll, daß jährlich am Tag Johannis und Christophori, und also in zweyen Fristen, die völlige Zinnß, unter hundert haussässigen armen Leuten, welche gutes Gezeugnis aufzuweisen haben, auch hiesige

sige Burger seyn, in gedachter Closter-Kirche, nach zuvor gehaltenen Gottesdienst von dem ältesten oder nachfolgenden seiner Familie, gutthätiglich ausgetheilet, und wie man es vor dem allsehenden Gott wird verantworten können, getreulich und ohne alles Gefährd darob gehalten werden solle.

Das große Stiftungs-Capital haftet auf des Testators besessenen Quart des Markts Eschenau; über welche Capital-Schuld nachmahls Herr Johann Wilhelm Muffel unterm 30 Aug. 1709. eine verbindliche und feyerliche Urkunde ausgestellet hat. Auch ist vom Capital etwas auf der Nürnbergischen Losungstube angelegt.

Bis zum Jahr 1784 wurde diese Stiftung von dem ältesten des Geschlechts der hiesigen Herren von Muffel in der Catharina-Kirche, unter amtlichen Beysitz ausgetheilet, und zwar am Christophs-Tag den 15 März 50 Armen, und am Johannistag wieder 50 jedem 3 fl.

D Nach

Nach dem Absterben Herrn Georg Markquart Muffels als des letzten seines Stammes aber wird ihm diese Stiftung von Catharina-Kloster-Amts wegen an beyden Tagen fortgesetzt ausgetheilet; zugleich theilet die Imhofische Familie am Johannistag, 50 Hausarmen, jedem 45 kr. aus, welche Stiftung von des Herrn Johann Christoph Muffels hinterlassenen Frau Wittwe, Maria Ursula, einer gebornen Imhof, herrühret.

(Muscatische.)
Das Capital ist 10000 Gulden.

Nützlische.

Catharina Eleonora geb. Löffelholzin von Colberg, Wittwe des Herrn Castellans Nützel von Sündersbühl, verordnete 1748 in einem Legatenzettel: "Und nachdem Ich alle Jahre von den Garten-Zinsen auf der Bucher Straße 25 fl. zu milden Sachen abgesondert habe, Ich aber den künftigen Besitzer des Gartens nicht damit beschweren will, so

soll

soll ein absonderliches Capital dazu abgesondert werden, damit an den Zinsen allezeit 25 fl. verbleiben mögen. Von diesen Zinsen soll jährlich am Wolfgangstag denen 12 Brüdern hinter Allerheiligen 20 Stück Hefenküchlein à 2 kr. und in den löbl. Spital laut des jährlichen Zettels, so ungefähr 184 Personen, somit auch so viel Küchlein à 2 kr. so in allen ungefähr auf 7 fl. zu stehen kommen, die übrigen 18 fl. können nach Gefallen andern dürftigen Personen gereichet werden." Der letzte Executor war Herr Geheimerath und Scholarch Christoph Joachim Haller von Hallerstein.

(Oechsische.)

Diese Stiftung erhalten hausarme, nothleidende, alte und dürftige Weibspersonen. 13 derselben erhalten jede 1 fl. 30 kr. 25 erhalten jede 1 fl. und 100, jede 30 kr.

Oertelische.

Sigmund Oertel verschaffte in seinem Testament 1585, 300 fl. auf der Losungstube liegendes ewiges Geld, deren Zinsen hausarmen Leuten jährlich durch seine Verwandten sollen ausgetheilt werden.

(Oettingerische.)

Wolfgang Oettinger errichtete sein Testament unter dem 1 April 1661, welches den 21 Apr. 1664 publicirt wurde, in welchem Jahr auch schon die Austheilung dieser Stiftung ihren Anfang nahm. Gegenwärtig erhalten 52 Mannspersonen jede jährlich 1 ½ fl. und 13 erbare Wittwen jede 4 fl.

(Pampeliusische.)

Das Testament ist vom 25 März 1748. Es ist bey derselben auch ein Notarius als Stiftungs-Actuar, welchen die Executoren wählen.

Paumgärtnerische.

Balthasar Paumgärtner verschaffte 1600 in seinem Testament 500 fl. in Münz, deren Zinsen jährlich an seinem Todestag armen dürftigen Leuten ausgetheilt werden sollen.

Perings-

Peringsdörfferische.

Anna Peringsdörfferin verschaffte 1595 in ihrem Testament 1000 fl., wovon man die Zinsen hausarmen Leuten austheilen, und solche Austheilung durch den Kirchendiener, welcher die Sacristey zu verwalten hat, geschehen, dieser auch dafür einen Gulden empfangen soll.

Pestellische.

Johann Michael von Pestell legirte in seinem im J. 1767. errichteten Testament, seinem in der Fremde sich aufhaltenden Bruder, Georg Pestell, 8000 fl. — Daferne er aber nicht mehr am Leben oder ausfindig zu machen seyn sollte: so sollen diese 8000 fl. in der Stadt Almosamt geliefert und für die Armuth verwendet werden.

(Peyerische.)

Isaac Peyer von Flaach und Haßlach Rathsconsulent verordnete 1761 in seinem Testament:

1140 fl. sollen alle Jahr zum Behuf, Fortkommen und Unterkunft ärmer, von in dem Nürnbergischen, Wöhrder und Gostenhöfer Burgerrecht stehenden bedürftigen Eltern ehelich erzeugten, und die Wohlthaten der hiesigen Armenschulen nicht genießenden 36 Kinder, vorzüglich vater- oder mutterlosen, und am allervorzüglichsten ganz elterlosen Waisen, halb männlichen und halb weiblichen Geschlechts, verwendet und dieselben in 3 Classen eingetheilt werden.

In der ersten Classe sollen 6 Knaben, ehe sie sich in die Lehre zu einer Profession begeben, zur Erlernung des Rechnens und Schreibens und der, allen Künstlern und Handwerkern, sowohl mit Zirkel und Lineal, als auch aus freyer Hand so nöthigen als nützlichen Zeichenkunst, ingleichen 6 Mädchen zur Erlernung des Schreibens und Rechnens, der Haus- und feinen Näherey, Waschens und Bögelns, Strickens, Spinnens, Kochens und sonsten nützlichen Haus- und weiblichen Arbeiten, bestein, einem jeden 20 fl. zugewendet werden.

In der zweyten Classe soll 6 sich zu einer Profession oder Handwerk als Lehrjungen aufdingenden Knaben, zur Beyhülfe des Lehrgelds; und 6 das erstemahl zum Abendmahl gehenden Mädchen zu einer schwarztuchenen Kleidung, jedem 25 fl. gegeben werden.

In der dritten Classe soll 6 ehrlichen und unsträflichen Mannspersonen, zu Bestreitung der Meisterstückskosten, oder bey ihrer ehelichen Verheyrathung zu einem Ehrenkleid, und 6 sich ehrlich und besonders in herrschaftlichen Diensten wohl aufgeführten, und darüber mit guten Zeugnissen versehenen Weibspersonen bey ihrer Verehligung zur Anschaffung eines Ehebetts und Behälters, einem jeden 50 fl. gereicht werden.

Beneficiaten der ersten Classe haben vor allen Anspruch auf die zweyte und dritte Classe, wenn sie sich dazu gehörig qualificiren.

Executoren sind der jedesmahlige jüngste Losungrath und der Schauamtmann.

Joh. Sigm. Pfinzingische.

Joh. Sigmund Pfinzing von Henfenfeld, Castellan und vorderster Losunger, der 1764 als der letzte seines Namens und Stammes gestorben, machte eine Stiftung für arme Männer vom Lande. Die Stiftungspredigt wird am Sigmundstage den 2 May zu Markt Gründlach, welcher Ort der Pfinzing. Familie zugehörte, gehalten. Der zeitige Pfarrer bekommt dafür 5 fl.

Plödische.

Lucas Plöd vermachte 1596 unter ändern in seinem Testament den Nachtwächtern der Stadt Nürnberg, so bey nächtlicher Weil die Stunden ausschreyen, jedem zum Neuenjahr einen halben Gulden, und zwar ewiglich, seiner dabey zu gedenken. Die Imhofische Familie theilt dieselbe aus.

Reint-

Reintlinische.

Marg. Doroth. Reintlin, Joh. Reintels Flaschners Wittwe, verordnete 1711 in ihrem Testament, daß von den Zinsen eines dazu bestimmten Capitals am Margarethentag 75 Weibern, jeder 1 fl. solle ausgetheilt werden, Executor ist Herr Consul. Faulwetter.

(Rieglerische.)

Executor dieser Stiftung ist Herr Scholarch Sigmund Friedrich von Fürer.

Röhleinische.

Martin Röhlein, Goldarbeiter, verschaffte in seinem 1617 hinterlassenen Testament 500 fl. deren Zinsen Hausarmen von der Goldschmidsprofession ausgetheilt werden sollen. Executoren sind die Vorgeher der Gold- und Silber-Arbeiter.

Röserische.

Sibylla Apollonia Röserin, Jacob Rösers, Dris Med. und anfänglich herzogl.

Leib-Medici zu Jena, nachher zu Nürnberg und endlich zu Fürth, verlassene Ehegattin, eine Tochter Georg Ayrmanns, Cornets in Diensten des Königs in Schweden, Gustav Adolfs, errichtete in Nürnberg, wo sie sich nachher aufgehalten, unterm 28 Jul. 1699. ein Testament, welches den 3 Jul. 1705 publicirt wurde. In selbigem verschaffte sie, einige Legaten ausgenommen, ihren ganzen Nachlaß ad pios usus, und zwar zu Folge eines Gelübds, welches sie, nachdem ihr Ehegatte sie im Jahr 1686. wie sie sich im Testament ausdrückt, freventlich verlassen hat, und mit seinem ehebrecherischen Anhang ausser Lands gezogen ist, Gott feyerlich ablegte, daß sie nämlich ihre Haabe den Armen hinterlassen wollte, wenn ihr Gott seine Gnade zur Präparation der, ihrem Mann etlichermassen abgesehenen Medicin, als des sogenannten salis naturae verleihen würde, immassen sie damahls selbst aller Nahrungs-Mittel beraubt und ohne einiges Vermögen gewesen ist.

ist. Und da diese Frau Röserin bey ihrem Absterben ein Vermögen von 4162 fl. hinterlassen hat: so ist zu schließen, daß sie sich von Zubereitung ihrer Arzney reichlich genähret haben müsse. Es mag solche Arzney damahls auch in ziemlichem Wehrt gewesen seyn, denn sie legirte davon verschiedenen Personen. Unter andern kommt im Testament vor:

„Diesemnach verschaffe ich Herrn Johann „Adam Geuders, und Herrn Georg Burkard „Hallers Hochedle Herrl. Jedem besonders „eine Unze Flores."

„Ingleichen auch Herrn Esaias Pfinzing, „Stadtrichters, und Herrn Hieron. Löffel„holz Hochedel Gestreng, gleichfalls Jedem „besonders eine Unze Flores.

„Jungfrau Anna Ursula Löffelholzin, le„gire ich eine Unze Sal naturae." ꝛc. ꝛc.

Ausser noch einigen Legaten an Arzneyen, und auch an Geld, erhielte ihr Nachlaß folgende Bestimmung:

„Von

„Von 1000 fl. sollen die Interessen jähr-
„lich den armen Schulern bey St. Lorenz
„sowohl fremden als einheimischen die sich
„auf das Studium Theologicum befleisigen,
„zugestellt, und durch einen Herrn Prediger
„alda, an einem grünen Donnerstag ausge-
„theilt werden.

„Die übrigen Interessen sollen unter die
„allhiesige sowohl alte als junge hausarme
„Leute, Mann- und Weiblichen Geschlechts,
„gereicht und ausgetheilt werden." 2c.

Der Stiftungs-Fonds war anfänglich
4000 fl. welche im Losung-Amt angelegt und
losungfrey sind, weil die Testatricin eine Un-
bürgerin war. Sie werden seit 1733 nur mit
4 pr. C. verzinset. Dazu sind noch 175 fl.
erspart und angelegt worden.

Jeder Stiftungs-Executor erhält, nach
testamentarischer Verordnung, beym Antritt
2 Mark vergoldtes Silber, oder dafür 32 fl.

für

für die jährliche Mühewaltung aber nichts. Er kann zu seinem Nachfolger ernennen, wen er will. Seit 1711 nahm die Execution ihren Anfang, und waren seit dieser Zeit Ausrichter:

1711. Johann Jobst Peller, Consulent, im Testament verordnet.

Johann Hieronymus Löffelholz, Scholarch, im Testament substituirt, bis 1732.

Johann Paul Tucher, des innern Raths, bis 1737.

Johann Christoph Tucher, oder eigentlich dessen Vormünder, bis 1747.

Johann Carl Sigmund Holzschuher, Pfleger der Klöster St. Clara und Pillenreut bis 1768.

Herr Siegmund Elias Holzschuher von Harrlach ꝛc. Stadt Almos-Amts-Pfleger.

Jährl. wird ausgetheilt: fl. kr.
Den Lorenzer Schülern 40 —

Unter

Unter die Armen:	fl.	kr
33 Portionen, à 1 fl.	33	—
174 — — à 30 kr.	87	—
Die St. Register zu fertigen	2	—
Den Ehehalten im Haus	1	30
— Streifern	1	—
	fl. 164	30

Romingische.

Friedrich Roming, Bürger und Roth-Bierbrauer, stiftete 1675 ein Capital von 1000 fl. dessen Zinsen der unterste Diakonus in der Spitalkirche theils als Stipendium, theils an Arme am Friedrichstag austheilen solle. Es erhalten von 30 Personen jede 30 Kreuzer.

Rostische.

Der Stifter war Johann Wolfgang von Roß, ihrer Kais. Maj. und anderer vornehmen Stände des Reichs verordneter Rath. Sie wird jährlich am Laurenzitag seit 1750 ausgetheilt, an 50 gäng arme Personen, Männer

ner und Weiber, deren jede 45 kr. erhält, und an 25 erbare Personen, deren jeder 1 bis 2 fl. gegeben wird. Executor ist der jüngste Consulent am Stadtgericht, welcher diese Stiftung Zeitlebens verwaltet, in dessen Hause sie auch ausgetheilt wird.

Rumplerische.

Barbara von Rumpler († 1719.) machte ein Legat von 600 fl. von dessen Zinsen jährlich am Barbaratag 14 fl. an arme bedürftige Weiber von dem Prediger und Schaffer zu St. Lorenzen in Gegenwart des Herrn Johann Michael von Rumpler, Bereuters und Stallmeisters, ausgetheilt werden.

Schaumännische.

Anna, Johann Schaumann, Burgers, Gürtlers, Spangen- und Clausur- auch zinnen Knöpfmachers hinterlassene Wittwe, starb den 22 Febr. 1718. und hat in ihrem den 11 Jun. 1717. errichteten Testament, Leonhard Gabriel Dorn, Stadtalmos-Amts Gegen-

Gegenschreiber, zwar zum Haupterben eingesetzt, vor ihrem Absterben aber gegen selbigen mündlich erkläret, wie sie wünschte, daß von ihrem Nachlaß ein Capital auf 3200 fl. den Armen zum Besten angewendet und daß daher nach seinem, Dorns, Hinscheiden diese Summe in das Stadtalmosamt geliefert werden möge, um die jährliche Abnutzung davon unter arme Personen, männ- und weiblichen Geschlechts, nach der Herren Oberalmos-Pfleger Gutbefinden auszutheilen. Diese mündliche Verordnung ist auch von der Dornischen Wittwe, 1724, nach Absterben ihres Mannes durch Erlegung der bestimmten Summe genau erfüllet, und von dieser Zeit an sind die davon fallende Zinse jährlich unter dürftige Personen beyderley Geschlechts und erbarn Standes, in ungleichen Portionen ausgetheilt worden.

(Schmaußische.)

Das Testament ist vom 2 Sept. 1708. Arme aus den eingepfarrten Dörfern hat man anfäng-

anfänglich nur in dem Fall genommen, wenn nicht genug aus den bestimmten Ortschaften vorhanden waren. Diese Stiftung hat an einem Capital Einbuß erlitten, und genießen daher dieselbe zur Zeit nur 53 aus der Stadt und 35 vom Land.

(Seutterische.)

Das Testament ist vom 25 May 1706. Executoren sind die Herren Oberalmospfleger, und drey testamentlich verordnete, die S 54 genannt sind. Der Fonds besteht in 20000 fl. Von 14000 fl. gehört die Abnutzung größtentheils zu dieser Stiftung. Den Ueberrest sollen die 3 Executoren am Begräbnißtag des Stifters jährlich unter Hausarme austheilen. Der Ertrag von 6000 fl. gehört zu einem Stipendio. 2000 fl. sind noch ausgesetzt worden, um das Capital damit lösungsfrey zu machen.

Stachsische.

Catharina Stachsin, gewesene Inwohnerin zu Nürnberg, verordnete in ihrem,

unterm

unterm 25 Mart. 1685. zu Weyden errichteten Testament, daß die Verzinsung von 409 fl. Capit. nämlich 20 fl. jährlich am Catharinatag, als ihrem Namenstag, unter 40 hausarme Weiber zu Nürnberg, ieder 30 kr. durch den dazu verordneten Herrn Almos-Pfleger, zu ewigen Zeiten ausgetheilt werden solle; welches auch noch bis jetzt auf die vorgeschriebene Art geschiehet.

Steinbergerische.

Maria Magdalena, des Milizgeistlichen, Georg Christoph Steinbergers, Wittwe, errichtete 1754 ein Testament und machte darin eine Stiftung, die am Maria Magdalenatag ausgetheilt wird. 50 arme Burgerswittwen erhalten nach angehörter Vesperpredigt in der Spitalkirche jede 2 fl. Executoren sind dermahlen Herr D. und Consulent Spies und Herr Diakonus Bechmann an der Spitalkirche.

Suttenische.

Kunigunda, Wittwe des Hanns Sutten, Unterthans des Klosters St. Claren zu Nürnberg, hat in ihrem den 7 Dec. 1653 errichteten Testament verordnet, daß jährlich am Kunigundentag (den 3 März) 50 hausarmen Weibspersonen, jeder 12 kr. sollen gereicht werden. Die erste Austheilung geschah 1681. Seit mehrern Jahren empfangen von dieser Stiftung 100 Weibspersonen, jede 24 kr. Die Austheilung geschieht in dem Augustiner Kloster durch den Hauptpfleger des Landalmosenamts.

Tiefererische.

Georg Andreas Tieferer macht 1743 d. 18 Oct. in seinem Testament eine Stiftung von seiner Verlassenschaft für Arme vom Kaufmannsstand, deren jeder 3 bis 6 fl. erhalten soll. Die Marktsvorsteher sollen einen aus den Marktsadjuncten zum Executor wählen, der für die Austheilung jährlich 8 fl. haben,

ben, und dem ålteſten Marktsvorſteher jåhrlich von der Austheilung Rechnung ablegen ſoll.

Martin Tucheriſche.

Martin Tucher verordnete in ſeinem, unterm 12 Octob. 1523 errichteten Stiftungs-Brief unter andern, daß jåhrlich in den Armen Gemein-Stock gelegt werden 6 fl. an Münz, die alsdann nach der angefangenen neuen Ordnung durch dieſelbe Verwalter, um Gottes willen ſollen ausgetheilt werden, unter hausarme Leute, die nicht öffentlich betteln.

Daher erhalten jåhrlich am Martins-Tag im Stadtalmos-Amt 12 Weibsperſonen jede 30 kr.

(Viatiſiſche.)

Bartholomåus Viatis von Schoppershof (geb. zu Venedig den 18 April 1538, und als Genannter des gröſſern Raths und vorderſter Marktsvorſteher in Banco publico, geſt. den 18 Nov. 1624 zu Nürnberg,) ver-

verordnete in seinem den 29 Nov. 1623
errichteten Testament: daß aus dem Ertrag
eines dieserhalben verzinslich angelegten Capitals, ausser einem Stipendio für einen Stu-
tirenden, jährlich am Bartholomäi-Tag 2 hiesigen Bürgers-Söhnen welche Professionen
erlernt, jedem 25 fl., ingleichen hundert dürftigen Bürgern, so das Almosen nicht geniessen, jedem 1 fl. gereichet werden solle.
Der jedesmahlige Senior familiae ist Executor dieser Stiftung.

Volkamerische.

Georg Christoph Volkamer von Kirchen-
sittenbach, Scholarch und Pfleger der beyden Findeln rc. verschaffte in seinem den 18
Jun. 1753 erzeugten Testament in das Stadt-
Almosamt 18000 fl. solche auf Verzinsung
anzulegen. Die jährliche Abnutzung von
6000 fl. soll zu der Einnahme des Wochen-
Almosens, oder sogenannten neuen Werks
kommen. Die Zinse von 12000 fl. aber sollen

ken nach Disposition der Herren Ober-Almos-Pfleger jährlich unter allerhand hausarme Leute, welche ohne ihr Verschulden in Unglück gerathen, ausgetheilt werden. Diesemnach werden solche unter dergleichen Personen weiblichen Geschlechts, und besonders Wittwen erbaren Standes, in Portionen von 4 — 15 fl. am Georg-Tag jährlich ausgespendet.

Welserische.

Sebastian Welser I. Senator († 1566.) verordnete in seinem 1565 den 29 Juny errichteten Testament, daß von seinem Vermögen 1500 fl. grober Münzsorten als ein Stiftungs-Capital im Losung-Amt à 5 pro Cent und losungfrey angelegt und davon jährlich die Abnutzung in 3 Theile getheilt werden solle: wovon ein Theil unter die armen Leute des neuen Spitals zum heiligen Geist, der andere Theil unter die armen Leute des gemeinen Almoskastens der Stadt Nürn-

Nürnberg, und der dritte Theil unter die armen Leute, so im Lazareth an Blattern geheilet wurden, jährlich vertheilet werden solle. Sollte aber das Lazareth oder Blatterhaus abgethan werden, so soll der dazu vertheilende Theil zu jenem für die armen Leute des gemeinen Kastens geschlagen; so aber auch der aufgehoben würde, die ganze Abnutzung unter die Spittler vertheilet werden. Zum Executor dieser Stiftung und Vertheiler unter die Armen ernannte er den jedesmahligen ältesten Welser in Nürnberg.

(Willenbergerische.)

Jetzt genießen dieselbe 36 Personen.

Zeppische.

Sophia Catharina, Wittwe des Stadtgerichtschreibers Andreas Zepp, verordnete 1745 in ihrem Testament, daß jährlich 20 fl. in das Stadtalmosenamt sollen gegeben werden, zum Besten der Nothleidenden, ferner daß von ihren Executoren jährlich am Sophiatag vor

vor ihrem Grab in der Stille sechs ehrlichen christlichen hausarmen Wittwen oder sonst christlichen Weibspersonen, aber durchaus keinen Bettelleuten, einem jeden 1 fl. soll gegeben werden, wobey der Herr Pfarrer zu St. Johannis in der Stille vor dem Grab eine Einsegnung oder Danksagung thun soll, wofür ihm 1 fl. 30 kr. gereicht wird, und dem Steinschreiber 1 fl. 20 kr. Ausserdem hinterließ sie noch ein ewiges Capital von 5000 fl. welches die Executoren fleißig aufheben sollen, bis es sich durch Gottes Seegen vermehrt. Executoren sind der Prediger im Spital und der Vormundamtsschreiber.